秒懂漫画文言文
（悦读版） 第一辑（2）

语小二 ·编绘·

U0125545

人民邮电出版社

北 京

图书在版编目（CIP）数据

闯进古文才子班 : 秒懂漫画文言文 : 悦读版. 第一辑 / 语小二编绘. -- 北京 : 人民邮电出版社，2023.9（2024.2重印）
ISBN 978-7-115-61996-9

Ⅰ. ①闯… Ⅱ. ①语… Ⅲ. ①文言文－通俗读物
Ⅳ. ①H194.1

中国国家版本馆CIP数据核字 (2023) 第120064号

内 容 提 要

　　古典文学是我国传统文化中的璀璨明珠。千百年来，我国涌现了大量文学名家，他们创作的作品题材广泛、影响深远，他们的名篇名作穿越千年，散发出夺目的光芒。本书选取了我国历史上的五位文学名家——司马迁、贾谊、司马相如、蔡文姬、曹植，将他们的人生经历、创作历程用漫画展现出来，并对他们的名篇名作加以介绍，以期通过这种方式让读者走近古代文学名家，了解名篇名作创作背后的故事，领略名篇名作的魅力。

　　本书适合中小学生以及其他对古典文学感兴趣的读者阅读。

◆ 编　绘　语小二
　　责任编辑　付　娇
　　责任印制　周昇亮

◆ 人民邮电出版社出版发行　　北京市丰台区成寿寺路 11 号
　邮编　100164　　电子邮件　315@ptpress.com.cn
　网址　https://www.ptpress.com.cn
　天津善印科技有限公司印刷

◆ 开本：880×1230　1/32
　印张：5.5　　　　　　　　2023 年 9 月第 1 版
　字数：211 千字　　　　　　2024 年 2 月天津第 2 次印刷

定价：39.80 元（全 5 册）

读者服务热线：(010)81055296　　印装质量热线：(010)81055316
反盗版热线：(010)81055315

广告经营许可证：京东市监广登字 20170147 号

前言

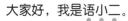

大家好，我是语小二。

从 2020 年开始，我们创作了《闯进诗词才子班 秒懂漫画古诗词》系列作品，并分别在 2021 年和 2022 年出版了四辑图书。这四辑图书上市后，很多读者都非常喜欢，我们收到了无数条反馈意见。其中有两条意见特别突出。一条意见是"你们的作品中只有诗人、词人，可是还有其他许多古代文学名家并没有包括进来。怎么不讲讲他们的故事呢？"，另一条意见是"《闯进诗词才子班 秒懂漫画古诗词》系列作品确实可以帮助读者了解诗词、学习诗词，不过在中小学生的学习难点中，还有一类是文言文的学习，你们能不能创作一些漫画，把文言文的知识也涵盖进去呢？"。

这两条意见让我们陷入沉思。中国古典文学作品浩如烟海，文学名家灿若繁星，如果能把他们的故事和名篇佳作也用漫画讲述出来，那将是一件多么有意义的事情！于是，经过大量的梳理工作，我们筛选出了二十位中国古代文学名家，把他们聚集在一个班级——"古文才子班"里，通过富有想象力的漫画来讲述他们的人生故事，并将他们在不同人生阶段创作的名篇佳作融入故事中，讲明这些名篇佳作的创作背景，同时用简洁的文字对作品内容予以诠释。

在本系列图书中，我们还设置了"拓展学堂"，以期通过这个栏目，介绍更多的古典文学知识。

如果我们这一次微小的努力，可以帮助读者更好地了解书中的每一位古代文学名家，拉近读者与名篇佳作之间的距离，使读者对中国古典文学产生兴趣，那就太棒了！

语小二 漫扬文化

欢迎来到古文才子班的名人堂，今天出场的是贾谊。

姓名：贾谊　　字：无

号：无　　别名：贾生、贾太傅、贾长沙

性别：男　　籍贯：洛阳（今属河南）

生卒年：公元前 200—前 168 年

外貌特征：丰神俊朗、文质彬彬

最喜欢或最擅长的事：写文章

很高兴认识大家。

超越时代的
"领航员"
贾谊

大诗人李商隐写过一首题为《贾生》的诗。

宣室求贤访逐臣，
贾生才调更无伦。
可怜夜半虚前席，
不问苍生问鬼神。

这首诗中所说的贾生，
指的是汉朝文学家贾谊。
诗人写诗说历史，往往是"项庄舞剑"。
李商隐写这首诗，只是借贾谊的典故来诉说自己的苦恼。
但这首诗中，有一个事实是无人质疑的，
那就是贾谊的确"才调更无伦"。

贾谊能够名留青史，
与司马迁把他写到《史记》里不无关系。
在《史记》中，贾谊的出场相当惊艳。
他是洛阳人，
从小就熟读诗书，对儒家文化谙熟于胸，
对其他诸子百家的学说兼收并蓄。
与此同时，他还关心时政，练成了自己的"绝学"。
贾谊小小年纪就因为有学问而享誉乡里，
是父老乡亲们交口称赞的少年天才。

贾
谊

大多数情况下，天才的命运都很坎坷，

他们不是大器晚成，就是壮志难酬，

然而，贾谊是个例外。

在他出落成一名潇洒的少年才子时，

已经有人因为他的才华而赏识他，为他铺好了一条光明大道。

贾谊快二十岁时，

有一名地方官听说他很厉害，于是把他请到官府当智囊。

> 发挥聪明才智，
> 帮我治理一方。

"绝学"是不是有用，那得拿出来验一验，去官府做智囊就是一个机会。

事实证明，贾谊的"绝学"果真非同一般。

在他的协助下，地方官很快就做出了成绩。

注：骑摩托车要戴头盔，注意安全。

不久，那个地方官被调往长安任职。

到任后，他自发充当贾谊的推荐人，对着汉文帝夸赞贾谊有多么天才。

此时的汉文帝只有二十多岁，刚刚继位不久，正想选拔人才。
他听说贾谊这么了不起，好奇心立马被勾了起来，
便迅速派人传贾谊入朝做博士。

有本事就拿出来"晒一晒"。

汉朝的博士与现在所说的博士不同，它不是一种学位，而是皇帝的智囊，
负责帮助皇帝解决治国理政时遇到的疑难问题。
如果智商不够高、学问不够深、不了解国家局势，根本进不了"博士团"。
贾谊在其中年龄最小，却智商最高、学问最深、最了解国家局势，
已经练好了给皇帝当智囊的绝招。

这不过是小菜一碟。

汉文帝每次抛过来的问题，
哪怕是别人想破脑袋也解决不了的问题，
贾谊也总能说出解决办法，让难题迎刃而解。
每次遇到同僚来请教问题，
不管问题多么棘手，
贾谊总能让同僚满意而归。
在这个"博士团"里，贾谊成了最耀眼的明星，
从头到脚都闪烁着耀眼的光芒。

贾谊

初入朝堂的贾谊，热心地就朝政发表建议，
写了很多精彩的文章，其中《过秦论》就是非常有名的一篇。

············

君臣固守以窥周室，
有席卷天下，包举宇内，
囊括四海之意，并吞八荒之心。
当是时也，商君佐之，
内立法度，务耕织，修守战之具，
外连衡而斗诸侯。

············

及至始皇，
奋六世之余烈，振长策而御宇内，
吞二周而亡诸侯，履至尊而制六合，
执敲扑而鞭笞（chī）天下，威振四海。

············

天下已定，始皇之心，自以为关中之固，
金城千里，子孙帝王万世之业也。

············

然陈涉瓮牖（yǒu）绳枢之子，氓（méng）隶之人，
而迁徙之徒也；

············

将数百之众，转而攻秦；
斩木为兵，揭竿为旗，天下云集响应，赢粮而景（yǐng）从。

············

然秦以区区之地，
致万乘之势，序八州而朝同列，百有余年矣；
然后以六合为家，崤（xiáo）函为宫；
一夫作难而七庙隳（huī），
身死人手，为天下笑者，何也？
仁义不施而攻守之势异也。

在这篇《过秦论》中，
贾谊谈到了耕战、仁政和暴政、民心所向、历史兴衰，
即使是理解不了这篇文章内涵的人，也会被文字流露出的气势镇住。
这么优秀的贾谊，自然得到了汉文帝的赏识。

这正是我需要的人才！

入朝不到一年，贾谊就被汉文帝提拔为太中大夫。
这个职位的作用有点复杂，
通俗地说就是大国师，负责为国家建设指引方向。

爱卿，你这么有才华，
来当我的"领航员"吧！

殚（dān）精竭虑，
在所不辞！

这时候，贾谊才二十多岁。

这么艰巨的工作，贾谊能做好吗？

在回答这个问题之前，我们得弄清楚另一个问题：

贾谊生活在一个什么样的时代？

中国历史上第一个大一统帝国是秦，

但秦二世是个草包，使得秦经两代就灭亡，

随后群雄逐鹿，进入大混乱时代。

汉高祖刘邦起于草莽，大杀四方，

诛暴秦，灭项羽，

开创了中国历史上第二个大一统帝国。

刘邦毕竟出身底层，知道民间疾苦，

经过秦末大乱，百姓也得到休养生息，

所以，汉初的社会形势比秦好很多，

但在这种和平的表象下，却埋着一些令人不安的"地雷"。

那么，这些地雷是怎么埋下的呢？

刘邦曾经做过游侠，

身上有一种江湖中人的豪气，不拘小节。

跟着他打天下的兄弟们也大多是粗人，

用历史名词来说，这些兄弟就是"功臣"。

建国后，刘邦虽然做了皇帝，

但兄弟们还是把他当成大哥，经常和他勾肩搭背、称兄道弟、没大没小。

贾谊

功臣们没太把皇帝当皇帝，皇帝的权威立不起来，

朝廷的权威自然也不牢靠。

这是第一颗地雷。

第二颗地雷是诸侯王，也就是汉朝的王爷们。

这些人有各自的封国，俨然割据一方的"土皇帝"。

有的王爷放着自己的封国不回，常年住在长安，干涉国家的大政方针。

第三颗地雷是塞外的匈奴。

刘邦开国后，曾想痛打匈奴，结果一度在白登山差点被匈奴围殴，

最后不得不花钱"脱困"，逃回长安，并与匈奴缔结了和亲协议。

从那以后，大汉就成了匈奴人的"提款机"，

每当需要钱的时候，匈奴就陈兵边塞，让大汉花钱买平安。

第四颗地雷是商人越来越多，农民越来越少。

经商本来不是什么错误，但在农业社会里，商人太多却会出问题。

因为农业社会的根本是粮食，

如果所有人都去做买卖，没人种地产粮，大家就都吃不上饭。

贾
谊

才华横溢的贾谊就生活在这样一个"四处埋雷"的时代。

这个时代并不混乱，相反，它很和平，但和平的表象下危机四伏。

有的人浑浑噩噩，根本没看到问题；

有的人看到了问题，但不知道该怎么办。

贾谊的厉害之处在于，他不但看到了问题，还想到了"排雷"的办法。

注：驾车要系好安全带，不要违反交通规则。

贾谊被汉文帝重用后不久，就提出了一套规章制度，

主张"改正朔、易服色、制法度、定官名、兴礼乐"。

这些规章制度解释起来很复杂，

通俗地说，就是车有车的路，马有马的道，

功臣也好，王爷也罢，大家都要讲规矩、有分寸，皇帝毕竟是皇帝。

说白了，这就是贾谊为排出诸侯雷和功臣雷提出的建议。

贾谊的想法很好，建议也有操作性，

但是，汉文帝把他的提议驳回了。

对于年少得志的贾谊，这是他入仕以来第一次栽跟头。

命运已经给了贾谊一些提示，

但他工于谋国、拙于谋身，没有看清提示的意思，

又进献了《论积贮疏》。

在《论积贮疏》中，贾谊主张发展农业，抑制商业，积蓄粮食，预防饥荒。

说白了，这就是贾谊为排除饥饿雷提出的建议。

饥饿雷

这一次汉文帝没有犹豫，采纳了他的建议。

贾谊信心大增，趁热打铁，

提议遣返扎堆聚在长安的王爷们，让他们回到自己的封国。

这一下，他可是捅了大篓子。

因为当时汉文帝当皇帝的时间还不长，

皇位能不能坐稳，有时候得看功臣的脸色。

正因如此，贾谊第一次的提议才被驳回。

现在，贾谊提议把王爷们从长安撵走，这事儿就更严重了。

同时，功臣们也都嫉妒贾谊。于是，功臣和王爷们联合起来攻击贾谊。

在功臣和王爷们的攻击下，贾谊的"好日子"差不多到头了。

他提议将王爷们遣离长安之后，激烈的攻击纷至沓来。

功臣和王爷们说他不过是个毛头小子，仗着皇帝恩宠，

就想指点江山，真是不知道天高地厚。

据历史记载，贾谊遭到攻击之后，

汉文帝渐渐疏远了他，不再像从前那样信任他。

仅看历史记载，汉文帝似乎很糊涂，

不知道重用贤臣。

可我们得知道，汉文帝只比贾谊大两三岁，

当时也是个年轻人，

而且，他对贾谊所谓的疏远并不是真的疏远，

而是因为他的政治思维比贾谊成熟，

他知道贾谊的主张也许是对的，只是施行的时机还不成熟。

即使如此，功臣和王爷们依旧不依不饶。

无奈之下，汉文帝只好下诏，

将贾谊贬到长沙，做长沙王太傅。

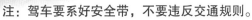

注：驾车要系好安全带，不要违反交通规则。

才华横溢的贾谊离开长安，来到了长沙。

当时的长沙，自然环境、风土人情与中原相异，气候湿热，荒凉萧瑟。

贾谊不仅要忍受生活上的不便，还要承受心灵上的打击。

贾谊在路途中将要南渡湘水的时候，

想起了曾经被放逐至此的屈原，心中忧思无限，写下了《吊屈原赋》。

谊为长沙王太傅，既以谪去，意不自得；及渡湘水，为赋以吊屈原。
·············

遭世罔极兮，乃殒厥身。呜呼哀哉！逢时不祥。
鸾凤伏窜（cuàn）兮，鸱（chī）枭（xiāo）翱翔。
·············

这里就是屈原被流放的地方啊！

在这篇文章里，

贾谊将自己所处的时代比作颠倒是非黑白的世界，

使屈原的哀伤与自己的悲痛相融，倾诉着屈原的悲愤和自己的忧愤。

贾
谊

贾谊虽然遭到贬谪，但他并没有放弃对事业的追求。

在长沙郁郁不得志的日子里，

他依然关心国家大事，时常向汉文帝建言献策。

只是天高地远，他听不到汉文帝对他的回应。

他渐渐变得更加忧郁了。

在被贬长沙第三年的某一天，一只鹏（fú）鸟飞进了贾谊的住所，

这触发了他的伤心事。

在古代，鹏鸟被视为不吉利的鸟。

长沙当时是蛮荒之地，气候湿热，贾谊时常觉得自己会死在这里。

于是，与鹏鸟"邂逅"之后，他写下了《鹏鸟赋》。

∙∙∙∙∙∙∙∙∙∙∙∙

祸兮福所倚，福兮祸所伏；

忧喜聚门兮，吉凶同域。

∙∙∙∙∙∙∙∙∙∙∙∙

水激则旱兮，矢激则远；

万物回薄兮，振荡相转。

∙∙∙∙∙∙∙∙∙∙∙∙

天不可预虑兮，道不可预谋；

迟速有命兮，焉识其时。

∙∙∙∙∙∙∙∙∙∙∙∙

在《鵩鸟赋》中，贾谊抒发了自己怀才不遇、抑郁不平的情感，
将真切的人生困境融入其中。

他宽慰自己，人应该乐天豁达，要学会慰藉自己忧郁的心灵。

就在贾谊壮志未酬、悲愤抑郁，甚至想消极度过余生的时候，
他的转机悄悄地来了。

原来，汉文帝思念贾谊，将他召回长安。

在宽广肃穆的未央宫的宣室，
汉文帝召见了贾谊，向贾谊询问有关鬼神的事情。

我有很多问题想问你！

您尽管问，
答不出算我输！

史书中没有明确记载贾谊的具体回答，
后人从各种角度对这一次君臣相见进行了解读。
比如在开头所提的那首诗中，
李商隐写"可怜夜半虚前席，不问苍生问鬼神"，
就隐含着对皇帝只知寻仙服药、不顾天下百姓的嘲讽。
不过汉文帝是一代明君，格局不会那么小，
我们有理由推测，
他"不问苍生问鬼神"，
也许是在迂回地征询贾谊对时政的看法。

贾谊的回答让汉文帝听得如痴如醉，
两个人一直谈论到很晚，汉文帝感慨地说：
"我很久不见贾谊，以为能超过他，
这一次谈话，我才知道自己还是不如他。"

爱卿，再也没有人
比你的认识更深刻了！

可惜，当时重用贾谊的时机还是不够成熟。
回京后不久，贾谊再次离开长安，被派去做梁怀王的老师。
梁怀王是汉文帝的小儿子。
贾谊上次离开长安，是因为被贬谪，但这次不一样，
汉文帝让他做梁怀王的老师，显然是暗示以后对他有重用。

爱卿，
我儿子就交给你了！

您放心吧！

贾谊在做梁怀王老师的那段时间里，
工作热情很饱满，兢兢业业地教导梁怀王，
他把所有的希望都寄托在梁怀王身上。

贾谊也不忘关心国家大事，经常上疏提出自己的见解，
此时他最有名的文章是《陈政事疏》。
在这篇文章中，
贾谊为抵御匈奴、制衡诸侯等很多社会问题都提出了解决办法。
不过与从前相比，贾谊的心态平和了很多。

诸侯雷　　匈奴雷

然而，就在贾谊充满干劲的时候，意外发生了。

有一次，梁怀王骑马出行，不慎从马上掉下来摔死了。

贾谊万分难过，

他觉得自己没有尽到做老师的责任，终日长吁短叹，悲伤哭泣。

贾谊由于哀伤过度，几个月之后便撒手人寰，去世的时候只有三十多岁，

他的历史形象也因此被定格。

在《史记》中，司马迁把贾谊和屈原列入同一列传——《屈原贾生列传》，

就是因为他们虽然不是同一时代的人，但他们的遭遇有相似之处。

他们同样才华横溢、一心为国，

同样遭到贬谪，郁郁不得志，同样在文学上卓有建树。

我好像看到了
另一个时代的"我"。

在贾谊的文章中，有两类最为出名。

一类是为国家大事而写的散文，

比如《过秦论》《论积贮疏》《陈政事疏》。

这类文章的特点是逻辑严密、感情充沛，

说理、抒情水乳交融，具有很强的感染力，

它们标志着中国古代散文的发展进入新阶段，

代表了汉初政论散文的最高成就。

这些文章展现了贾谊作为政论家的一面。

政论家

散文

另一类是为抒发个人情感而写的赋，比如《吊屈原赋》《鵩鸟赋》。

这类文章的特点是情感深沉、辞清理哀。

这些文章展现了贾谊作为文学家的一面。

汉赋大致分为三种，

分别为骚体赋、汉大赋和抒情小赋。

贾谊是骚体赋的代表作家。

文学家

贾谊

从贾谊一生的际遇来看，

他没能实现自己的政治抱负，似乎是失败的；

但从他的成就来看，他又是成功的。

一方面，他的文学成就让他名留青史；

另一方面，在他去世之后，

他的政治主张被地位渐趋稳固的汉景帝采用，

这为武帝时期的强盛奠定了基础。

可惜的是，贾谊没能看到这一天的到来。

他的成就，我们很难达到，

但从他的人生经历中，我们至少可以学到一个道理——

遇到困难扛一扛，

说不定曙光就在不远的前方。